# FACULTÉ DE DROIT DE PARIS.

## Thèse
## POUR LE DOCTORAT,

PAR

**CHARLES BOUDET DE BARDON,**

Né à Riom, dép. du Puy-de-Dôme,

AVOCAT STAGIAIRE A LA COUR ROYALE DE PARIS.

*L'acte public sur les matières ci-après sera soutenu le Samedi, 25 Août 1827, à six heures et demie.*

PRÉSIDENT, M. DURANTON, PROFESSEUR.

SUFFRAGANS, { MM. BERRIAT SAINT-PRIX,  
DE PORTETZ,  
DU CAURROY, } PROFESSEURS.

DUFRAYER, SUPPLÉANT.

PARIS
IMPRIMERIE DE J. TASTU,
RUE DE VAUGIRARD, N. 36.

1827

# JUS ROMANUM.

## AD SENATUSCONSULTUM TREBELLIANUM.

Sententia quænam juris est onera hereditatis huic specialiter incumbere cui hereditarium contingit commodum. Fiduciaria autem hereditas cujus effectus est emolumentum in alium transferre, nomine heredis penès fiduciarium manente, non modò relinquebat fiduciario nomen nudum, sed adversùs eum actiones hereditariaque onera. Quod, ex jure civili quondam sancitum, non ex æquitate, ut effugerent fiduciarii quibus sua fides fuisset damnosa, sæpiùs recusabant adire hereditatem. Recusante herede scripto, tabulæ fiebant irritæ : ubi enim nullus heres, ibi nullum testamentum ; idcircò lusorium corruebat fideicommissum. Heredibus subvenit senatusconsultum Trebellianum, tempore Neronis, Trebellio Maximo et Annæo Seneca consulibus.

Cùm verò textus obtigit tractandus qui circà fideicommissa versatur, quædam sunt prænotanda breviter de substitutionibus. Penitùs omittam vulgarem substitutionis speciem, quæ non est fiduciaria. De fideicommissis agimus propriè dictis, quibus, voce præcativâ, fidei heredis mandatur ut alii hereditatem restituat. Causa duplex est quæ dedit originem fideicommissis : prior, eadem ac de codicillis, propter utilitatem quam præstaverant peregrinantibus, qui, ob penuriam testium Romanorum, haud facilè inter ignotos testamenti solemnia poterant servare ; alia quidem et præsertim, cupido ratific andi quosdam non habentes testamenti factionem cum testatore. Id jure novo non vim obtinet.

Verba quæ fideicommissum inducunt sunt precaria, non directa, nimirùm *rogo*, *mando*, *deprecor*, *fideicommitto*. Hæc refertur Gaii institutionibus formula quam legimus et Justinianeis; imprimis heres instituitur: « Lucius Titus, heres esto. » Sequuntur preces restituendæ hereditatis: « Rogo te, Luci Titi, petoque à te ut cùm primùm possis meam hereditatem » adire, Gaio Seio reddas, restituas. » Sed primis temporibus fideicommissa, ut patet ex ethymologiâ nominis, nullam vim obligandi continebant; et ideò fideicommissarii restitutionem precativè consequebantur, eodem modo quo heres rogatus fuerat; cùm nec testamentum ullam obligationis necessitatem posset continere, nec jus civile, nec prætorium fideicommissario consulerent.

Augustus, cùm gratiâ personarum, unum atque alterum fideicommissum confirmasset, demùm pertinaciâ heredum, precibusque fideicommissariorum motus, jussit consulibus auctoritatem suam interponere. Claudius posteà duos prætores creavit qui de fideicommissis jus dicerent, ex quibus unum Titus distraxit. Nec semper solius prætoris hæc erat jurisdictio propria, sed partita, ità ut prætor ad certam summam tantùm cognosceret; major enim consulis cognitioni servata manebat.

Sed frustrà consules vel magistratus cogere voluissent heredem ad restituendum, nisi hereditatem adiret; et adire recusabat. Diximus huic occurrere incommodo Trebellianum Sc. cujus verba hæc sunt: CUM *esset æquissimum in omnibus fideicommissariis hereditatibus, si qua de his bonis judicia penderent, ex his eos subire in quos jus fructusque transferentur, potiùsquam cuique periculosam esse fidem suam: placet ut actiones quæ in heredem, heredibusque dari solent, eas neque in eos, neque his dari qui fidei suæ commissum, sicuti rogati essent, restituissent; sed his et in eos quibus ex testamento fideicommissum restitutum fuisset: quo magis in reliquum confirmentur supremæ defunctorum voluntates.* Sublata est hoc Sc. dubitatio eorum qui, propter onera sustinenda, seu metu litium, seu pretextu metûs, noluissent esse heredes.

Mox quidem experientiâ compertum est Trebellianum non sufficere ut servarentur defunctorum voluntates. Etsi indemnis foret heres restituens, tamen adire negligebat, undè lucrum ipsi non percipiendum speraret; et intercidebat fideicommissum, et iterùm testamenta corruebant. Quod lex Falcidia in Legatis, illud valuit in fideicommissis Sc. Pegasianum, Vespasiani temporibus, Pegasio et Pusione coss., sancitum. Trebellianum transferebat onera et actiones in fideicommissarium, non retentionem admittebat; Pegasianum quartam concessit heredi. Sed, nullâ de transferendis actionibus mentione factâ, jus commune vigebat, et idem incommodum rursùs oriebatur : semel heres, semper heres; restitutâ hereditate, fiduciarius hereditatis onera et judiciorum molestias sustinebat.

Interpositæ sunt, ad temperandum hujus Pegasiani rigorem, stipulationes emptæ et venditæ hereditatis, si tota restitueretur hereditas, et stipulationes partis et pro parte, si fiduciarius sponte adiens quartam retineret. Illæ verò stipulationes, quamquam remedium afferentes, innumerosis fallaciis et ambagibus locum præbuerant. Fiduciarius enim duplici judicio obnoxius, conveniri poterat ab hereditariis creditoribus, salvo regressu sæpiùs inani, vel propter calumniam, vel propter inopiam adstipulantis. Pariter hereditarii debitores fiduciario solvere poterant, sub recursu fideicommissarii adversùs fiduciarium, qui haud raro invicem non solvendo fiebat.

Talis erat vicissitudo successiva jurisprudentiæ de fideicommissis, quibus numerosæ occurrerunt leges, et Furia, et Voconia, et Falcidia de Legatis, tandem Sc. Trebellianum et Pegasianum, usquè ad tempora Justiniani.

Justinianus, ut vitarentur captiosi circuitus et calliditates damnosæ quæ Pegasianum circumdabant, ex utroque Sc. quidquid utilius excerptum in unum transfudit. Quæ transfusio nomen retinet Trebellianum.

De Trebelliano Sc. ità se habente, in eo Pandectarum titulo dicimus, et unicè de universalibus fideicommissis.

### DE FIDUCIARIO.

Senatusconsultum locum habet sive quis heres ex testamento, sive ab intestato fideicommissis gravaretur; nec tantum heres, sed successor heredis, et bonorum possessor; vel pater, dominusve quibus acquisita est hereditas. Omnes enim quod juris habent, ex Trebelliano debent restituere. Parvi refert utrùm gravatus sit capax, an non; cùm et per incapacis ministerium fideicommissum potest pervenire ad capacem; et interpositus minùs consideratur quàm cui res venirent hereditariæ, dùm, ut ità dicam, capere quis non videtur quod restituturus est.

Si tutor, vel curator adolescentis, furiosi ve, scriptus sit heres, potest adire et restituere. Pupillus, nisi tutor auctor fuerit, restituere non potest;

non tutor sine pupillo, nisi infans sit; nec enim licet tutori pupilli actiones mandare. Quæritur, si pupillus rogatus fuerit restituere tutori, an ipso auctore, regulariter restitutionem faciat; et à Severo decretum non posse, quia auctor esset in rem suam. Verùm quod in pupillos Severus decrevit non ad adolescentes porrigitur, cùm adolescenti non sit necessaria auctoritas ad restitutionem.

Nunc cùm de personâ agitur restituentis, alia est quæ occurrit quæstio, nec intempestiva, etsi ad restitutionem hereditatis sese referre posset. Si prætor aut consul heres scriptus fuerit, an fideicommissum coactè restituet? Si ipse prætor institutus hereditatem suspectam dicat, seipsum cogere non poterit : quia triplici officio fungeretur, et suspectam dicentis, et coacti, et cogentis. Hâc in specie et similibus, jurisconsultus respondit principale auxilium implorandum.

Si verò legatus suspectam hereditatem dicat, legationis tempore compellendus est accipere judicium; at reversus domum, cùm putaverit sibi aditionem expedire, commodo Trebellianicæ, vel testamento utetur. Quod ità habetur communi jure : omnes qui de hereditate deliberant, completo tempore deliberationis, si expedire sibi compererint hereditatem, testamenti sentiunt commodum ac si sponte adissent.

### DE .FIDEICOMMISSARIO.

Nihil interest utrùm cui restituitur hereditas paterfamilias sit, an in alienâ potestate, mulier, an masculus : et etiam servo, voluntate domini, vel si, domino nesciente, ratum habuerit, restitui potest; non autem pupillo, nisi tutore auctore.

De pupillo infanti, distinguendum est an heres spontè adierit, an noluerit adire. Si spontè, vel servo ejus, vel ipsi pupillo, auctore tutore, restituetur. Si quidem infans fari non possit? Non minùs ei quàm muto Sc. obveniet. Si heres adire nolit? Tùm difficilius, cùm tutor cogere nequeat periculo pupilli, nec pupillus desiderare, cùm non fari; muti quidem judicium habentes, illud signis manifestant; sed et infanti ex æquitate subveniendum.

Heres si adierit suspectam hereditatem, et fideicommissarius antè restitutionem decesserit, heres ejus tenebitur; recusare nequit quod non potuisset is cujus hereditatem suscepit. De commorientibus generatìm accipitur, nisi ostenderit fideicommissarius quis novissimus obiisset, non venire ad fideicommissum, cùm non adimpleta censetur conditio.

Ubi fideicommissarius conveniri debeat, quæritur; an ubi defunctus, an ubi heres, an ubi ipse domicilium habeat? Convenitur ubi vel domicilium habet, vel major pars restitutæ hereditatis habetur.

### QUÆ IN RESTITUTIONEM VENIANT.

Omnes res hereditarias continet fideicommissum universale; nec solùm corporales, sed incorporales, uti jura, vel actiones quæ in bonis testatoris reperiuntur tempore mortis; et ubi restitutæ, statìm fiunt fideicommissarii.

Quæstio est an fructus comprehendantur in fideicommissâ hereditatis restitutione. Dicendum regulariter heredem qui hereditatem restituit, fructus fideicommissario non debere, nisi mora facta fuerit, aut cùm specialiter rogatus erat de fructibus, aut rogatus restituere quidquid ex hereditate superesset; et alius foret exceptionis casus, si, contemplatione fideicommissarii, testator diem restitutionis distulerit : tùm enim administrationem videtur tantùm concessisse heredi.

Fructus, his quidem exceptis, non restituuntur fideicommissario; accedunt lucro heredis qui eos percipere dicitur ex judicio defuncti; nempè quoties fideicommisso gravatur heres, id transmittere debet quod fuit hereditatis; fructus autem non hereditatis sunt. Quod minimè intelligendum de fructibus repertis in hereditate; percepti enim à testatore restituuntur; tanquam corpora habentur hereditaria.

Verumtamen sunt augmenta quæ non veniunt in restitutionem, cùm non ex hereditate nascuntur : hinc sequitur hereditatem aditam, servo hereditario herede scripto, heredi pertinere, si jussu ejus adita fuerit : si verò rogatus sit restituere hereditatem, cum incremento, palàm est hereditatem et incrementum eum restituere debere.

Quid si res hereditarias heres desiit habere? Secernendum est si culpâ ejus, an non, fecerit quin jàm non possideat. Nisi culpâ careat, nec de levi, sed de latâ doli proximâ dicitur, videlicet cùm res hereditarias distrahere deberet, vel cùm luere pignus à creditore distractum, non fecit, restitutione tenetur.

Nec penitùs omittendum de fideicommisso ejus *quod supererit*. Multùm differt de fideicommisso hereditatis : in illo omnes veniunt res hereditariæ; in altero non continetur quod heres bonâ fide ex hereditate distraxit, et continet fructus extantes cùm fideicommissi dies cedit : in fideicommisso hereditatis, deducitur quod heredi defunctus debuerat; in fideicommisso ejus *quod superest*, deducitur nihil nisi quatenùs heres ex hereditate minuit.

Fiduciarius quidquid post mortem ex hereditate *superfuerit* restituere rogatus, bonâ fide hereditatem minuere, imò potest consumere usquè ad dodrantem.

### QUOMODO HEREDITAS RESTITUETUR.

Quocumque modo fideicommissum relictum fuerit, illud expeditum est hereditatem restitui posse vel *re*, vel *verbis* : re, si fortè passus est heres ut fideicommissarius possideat res hereditarias, vel totas, vel quasdam, hac mente ut vellet restituere, suscipere autem fideicommissarius : verbis, cùm dixit heres se restituere; et etiam restitui potest inter absentes, vel per nuntium, vel procuratorem, seu jussu fiduciarii, seu eo nesciente, cùm aditionem posteà ratam habuerit.

Quoad tempus restitutionis, distinguendum est an heres scriptus fuerit vel ad diem, vel sub conditione; si enim purè institutus, id unum discernitur, tempus quod testator apposuerit restitutioni. Si sub conditione scriptus, pendente conditione nihil agit; nec in prætoris potestate, ut interìm adeundi necessitatem imponat; cùm non sit heres, nisi conditio advenerit. Non tantùm fideicommissis apponitur casualis conditio : sin *dandæ pecuniæ* adscripta est heredi, debet fideicommissarius ei offerre pecuniam quam præstaturus heres causâ implendæ conditionis : pecuniam oblatam si denegat, ipse fiduciarius conditionem adimplebit; ita ut aditio et restitutio cogi possint jussu prætoris.

Cùm dies vel conditio apposita est restitutioni, restitui debet ut testator rogaverit. Si ergò antè diem, vel conditionem restituta sit hereditas, non transeunt actiones. Fideicommisso alicui relicto, cùm *ad annum vigesimum* pervenerit, et fideicommissarius decesserit, nondùm impleto vigesimo ætatis anno, ex æquitate hereditas restituitur. Generatim si post eventum conditionis, vel diei, restitutio rata habita fuerit, veniunt actiones.

## DE EFFECTIBUS RESTITUTIONIS.

Heres scriptus et rogatus restituere, adire debet hereditatem fidei suæ commissam. Si spontè adeat, quartam retinet quæ vocatur Trebellianica, dodrantem solùm hereditatis fideicommissario restituturus. Cùm adire nolit, cogitur restituere; et tùnc ei aufertur commodum Trebellianicæ. Nec solam amittit quartam, sed quæ ex bonis defuncti accepit, scilicet legata; indignus enim videtur qui supremas defuncti preces despexit, ut aliquid consequatur ex ejus voluntate : quæ omnia fideicommissario accedunt, qui heredis jure utitur; et in eum transeunt onera cum emolumentis; heres quidem à prætore coactus adit hereditatem non proprio, sed fideicommissarii periculo, cùm nullum sustinere debeat periculum, qui commodum non sentit.

Omnes, sub distinctione suspectæ vel voluntariæ hereditatis, ex Sc. transferuntur actiones fideicommissario et in fideicommissarium; omnes actiones, idest non solùm quæ jure civili competunt, sed et honorariæ, et ex causâ naturali obligationum. Dicuntur transire actiones quas habuit heres eo tempore quo fideicommissum restituit, etiam quæ veniunt ad diem, vel sub conditione; et tales veniunt in fideicommissarium, quales heredi et in heredem tempore restitutionis competebant, ex vulgari juris regulâ : nemo plus in alium transferre potest, quàm quod ipse habet.

Attamen quædam sunt actiones excipiendæ quæ non transeunt : nimirùm quæ ex bonis defuncti non pendent; et reperiuntur in *leg*. 66, § 2.-73, *pr. h. tit.*; et quæ heredi competunt, quorum numero, operariæ actiones, et sepulcrorum, *leg*. 55, *pr.*-42, § 1, *eod.*; etiam quæ antè restitutionis diem cum herede contestatæ fuerunt, *leg*. 78, § 15, *eod.*; et si quis hereditatis partem restituerit, in eam partem quæ excedit, non transferuntur actiones.

Planè transeunt actiones, si universam hereditatem; tantùm pro parte, si institutus partem hereditatis debeat restituere. In eo casu dividuntur inter heredem et fideicommissarium. Verùm nil refert an hereditatis, an bonorum, an aliâ appellatione usus sit testator; cùm vel bona, vel familia, vel facultates, defuncti voluntatem significant, ac si dixisset *hereditas*.

## APPENDIX.

De hoc nostro titulo adjiciemus Justinianum imperatorem singularia fideicommissa legatis exæquavisse, ita ut recentiori jure, fideicommissum universale et hereditas, fideicommissum singulare et legatum, nisi nomine et formulis, non differant, et eumdem sortiantur effectum.

## THESES.

Antè Sc. Pegasianum falcidia in legatis tantùm, non autem in fideicommissis singularibus accipiebatur.

Heres pro parte institutus et rogatus partem restituere, si quid ei testator legaverit, restituturus est quod *à semet ipso* ei relinquitur.

Conditio non testandi *donec liberi extent* habetur pro fideicommisso.

Nulla conciliatio placet inter *leg.* 22.—58, § 4, *h. tit.* et *leg.* 14, § 1, ff. *de usur.*

Jure novo testator quartæ deductionem prohibere potest.

# DROIT FRANÇAIS.

## DES DISPOSITIONS ENTRE-VIFS ET TESTAMENTAIRES.

### RÈGLES GÉNÉRALES.

Le Code civil reconnaît deux espèces de dispositions gratuites, l'une par acte entre-vifs, l'autre par testament.

La donation entre-vifs n'est pas simplement un acte par lequel le donateur se dépouille irrévocablement de l'objet donné, mais un contrat formé par le concours de deux volontés, l'une qui donne et l'autre qui accepte. La donation non acceptée n'est encore qu'une pollicitation ou promesse : rendue parfaite par l'acceptation, elle prend tous les caractères du contrat; soit que, purement lucrative, elle devienne un contrat unilatéral; soit que, grevée de charges, la réciprocité des obligations en forme une convention synallagmatique.

Le testament est un acte par lequel le testateur dispose de ses biens pour le temps où il n'existera plus, et qu'il peut révoquer. La faculté de tester dérive du droit civil, qui permet au disposant de modifier par acte de dernière volonté l'ordre des successions légitimes : d'où il résulte que si la loi civile crée l'héritier, elle ne l'investit qu'en l'absence de l'institution testamentaire.

Le principe de la donation entre-vifs est le saisissement actuel et irrévocable du donataire par le donateur. *Donner et retenir ne vaut ;* telle est la maxime qui la distingue du testament et de la donation à cause de mort, mode de disposition aujourd'hui supprimé. Dans l'acte testamentaire, le dépouillement n'a lieu qu'au décès, époque à laquelle le légataire peut refuser la disposition, de même que le testateur pouvait la révoquer de son vivant; car le testament n'est point un contrat; il n'est pas, comme l'acte entre-vifs, le résultat d'un consentement réciproque; il existe indépendamment de l'intervention du légataire.

### DES SUBSTITUTIONS.

Ces dispositions, introduites par l'usage, ne furent dans l'origine que de simples prières laissées à la foi de l'héritier, de perpétuer les biens dans la famille; de-là vient le nom de fidéicommis, *fideicommissum familiæ*. Nous n'essaierons pas d'exposer avec détail quelle fut la nature des fidéicommis; déjà nous avons eu l'occasion d'en retracer les règles générales. Bornons-nous à observer que, régies diversement par nos coutumes, soumises à une règle uniforme, et réduites à deux degrés par l'ordonnance de 1747, plus tard, attaquées à l'Assemblée constituante, les substitutions furent totalement supprimées en 1792, par l'Assemblée législative. Le Code civil déclare qu'elles sont prohibées (896): mais leur proscription n'est pas absolue; à côté du principe qui prohibe les substitutions, on retrouve les majorats ou dotations perpétuelles en faveur du premier né de la famille. Ce genre de disposition avait existé dans plusieurs provinces, à l'exemple des Duchés-Pairies, dont le chef-lieu pouvait être substitué à perpétuité, et qui, sans porter le nom de majorats, conservaient le même caractère.

Les art. 1048 et 1049, placés au titre que nous sommes chargés d'analyser, renferment une autre exception, celle des dispositions permises aux pères et mères, et aux frères et sœurs. Citer ces articles, c'est dire, en quelque sorte, que les substitutions ont été rétablies par le Code civil, sous un nom différent; car le droit de recueillir et l'obligation de rendre, caractères distinctifs de la substitution, sont conservés au titre des donations permises, et forment une antinomie véritable avec l'art. 896.

Les père et mère ont la faculté de transmettre la quotité disponible à l'un ou plusieurs de leurs enfans, avec charge de la rendre aux enfans des donataires. Ceux qui n'ont pas d'enfans peuvent aussi disposer de leurs biens en faveur de leurs frères et sœurs, avec la même charge de transmission. Mais le Code impose à cette faculté des limites fort restreintes. La substitution n'est valable qu'autant que les biens substitués sont transmis, sans préférence d'âge ni de sexe, à tous les enfans nés ou à naître du grevé ; et la disposition ne peut s'étendre au-delà du premier degré de descendance, c'est-à-dire, qu'elle ne passe point à la génération de l'appelé.

Une législation nouvelle fait revivre les substitutions. La loi du 17 mai 1826, par l'abrogation de l'art. 896, a rétabli sans distinction l'exercice facultatif d'un droit que les art. 1048 et suiv. ne reconnaissaient qu'exceptionnellement. Conforme, sous plusieurs rapports, à la législation du Code civil, elle prévient la plupart des reproches adressés au système des substitutions anciennes. Elle dispose que la donation ne doit pas dépasser la quotité disponible fixée par le Code, et que la charge de rendre ne peut être imposée qu'en faveur des enfans du donataire. Mais elle accorde indistinctement à toute personne capable, la faculté de grever de substitution l'objet donné, d'étendre cette substitution à la seconde génération de l'appelé ; enfin, elle autorise, au gré du donateur, la disposition à l'égard de tous, d'un seul ou de plusieurs descendans du donataire. Le but de la loi est de maintenir la stabilité des familles, qui forment à leur tour la garantie de l'État : « Vous fonderez la famille en prévenant le morcel-
» lement des propriétés, en favorisant la conservation des patrimoines,
» en prolongeant la possession de la terre, la seule chose qui puisse
» avoir parmi nous de la fixité et de la durée. » (*Exp. des mot.*)

### DE LA CAPACITÉ DE DONNER ET DE RECEVOIR.

Le droit de disposer n'étant que l'exercice de la propriété, garanti par les lois, toutes personnes sont capables de donner et de recevoir. L'incapacité est un accident, ou, si l'on veut, une exception qui doit être rigoureusement restreinte aux causes déterminées.

On divise les incapacités en *absolues* et *relatives*. Les unes renferment une prohibition indéfinie de donner ou de recevoir, ou simplement de donner ; telle que celle qui frappe le mort civilement, l'interdit, le mineur âgé de moins de seize ans. Les autres ne privent de la faculté d'acquérir ou de disposer que dans certains cas, à l'égard de certaines personnes. Ainsi, le médecin dont on pouvait redouter l'ascendant sur l'esprit du malade, ne recevra qu'à titre rémunératoire ; le tuteur que son pupille aurait pu dispenser du compte de tutelle, par une donation, est incapable de recevoir avant l'apurement du compte. Mais l'incapacité est personnelle ; elle cesse lorsque le tuteur est un ascendant. La loi n'a plus besoin de garanties en présence du sentiment le plus pur de tous, celui de l'affection paternelle.

Une condition essentielle de la capacité, c'est que le disposant jouisse du libre usage de sa raison. Pour faire une donation entre-vifs ou un testament, il faut, suivant l'expression de nos coutumes, *être sain d'esprit et entendement*. On a demandé s'il était nécessaire, pour que la donation fût susceptible d'être attaquée, que l'interdiction eût été prononcée, ou du moins provoquée pendant la vie du donateur ; en d'autres termes, si l'article 901 du Code civil devait être interprété par l'art. 504. Nous pensons que l'art. 901 présente une disposititon spéciale au titre des donations et testamens. On conçoit que dans le testament, où la volonté de l'homme remplace celle de la loi, où le testateur se dépouille pour un autre, sans aucun avantage pour lui-même, on exige une capacité plus étendue que dans un acte à titre onéreux. La disposition gratuite doit être, plus que toute autre, l'œuvre d'une action libre et d'un discernement réfléchi ; car de tels actes, lorsque le donateur n'avait pas la plénitude de sa raison, ne sont le plus souvent que le fruit de la contrainte et de la surprise. « Cela doit d'autant plus être, même pour la donation entre-vifs, fait ob-
» server M. Grenier, que d'après la législation actuelle, une pareille do-
» nation conserve ce caractère et en a les effets, quelque peu de temps que
» le donateur survive ; en sorte qu'une donation entre-vifs peut être faite
» dans les derniers momens de la vie. » Au contraire, dans le contrat onéreux, où chacune des parties doit trouver, pour ainsi dire, un censeur dans celui avec lequel elle contracte, le prévenu de démence sera restitué, en cas de lésion ; s'il n'a pas souffert de lésion, ce qu'il a reçu lui tiendra lieu de ce dont il est dépouillé.

Ce n'était pas assez d'avoir déterminé les causes d'incapacité, il fallait prévenir la fraude ou le déguisement qui aurait pour but d'éluder les dispositions de la loi. Le Code frappe de nullité la donation en faveur d'un incapable, soit qu'elle ait été faite sous le nom de personnes interposées, ou déguisée sous la forme d'un contrat onéreux. C'est une question toujours livrée à la controverse des docteurs, malgré l'autorité de la jurisprudence, de savoir si la donation entre capables doit être maintenue, lorsqu'elle a été déguisée sous la forme du titre onéreux.

Le Code a-t-il maintenu au nombre des nullités des actes gratuits, certaines causes capables d'agir puissamment sur l'esprit du donateur, et de porter atteinte à sa liberté? Les plaintes en suggestion et captation, ainsi que les actions *ab irato*, furent long-temps, dans l'ancienne jurisprudence, une source de procès. Les tribunaux ne devront en admettre la preuve qu'avec circonspection; mais conclure du silence du Code, qu'il a voulu proscrire ces causes de rescision, ce serait enhardir la fraude par la certitude de l'impunité.

### DE LA QUOTITÉ DISPONIBLE ET DE LA RÉDUCTION.

En présence des droits de propriété, se placent les devoirs de famille. La liberté de disposer ne pouvait être indéfinie. Dans le droit romain, où la puissance paternelle formait une autre magistrature revêtue d'une autorité absolue, la volonté du testateur ne fut pas toujours sans limites. La plainte ou l'action du testament inofficieux arrêta les effets de l'exhérédation, et la maxime des XII tables : *uti legassit, ita jus esto*, trouva son interprétation dans cette autre : *Insanire videtur qui heredes suos exheredat.*

La quotité disponible varie suivant le nombre et la qualité des héritiers à réserve; elle est la même pour les dispositions entre-vifs et testamentaires. Les descendans, s'il en existe, ont un droit exclusif à la réserve. Placerons-nous l'enfant naturel au rang des légitimaires? Cette question et plusieurs autres qu'on rencontre à ce titre, sont trop vastes pour trouver place dans une dissertation sommaire, qui nous permet à peine de les indiquer. A défaut de descendans, les ascendans sont appelés à la légitime. S'il n'existe ni descendans ni ascendans, la quotité disponible ne reçoit plus de restriction. Ainsi les frères et sœurs sont privés de la réserve. Cette conséquence, rigoureuse quoique implicite, fait naître une anomalie qu'on tenterait vainement, selon nous, de justifier. La contradiction s'élève entre les art. 750 et 915. Bornons-nous à décider, avec le Code, que, dans la succession légitime, les ascendans seront exclus par les frères et sœurs, tandis que dans l'institution d'héritier, l'ascendant, à l'exclusion des frères et sœurs, prélèvera sa réserve sur le legs universel.

La réserve se détermine au décès, déduction faite des dettes, sur les biens laissés, auxquels on réunit, par un rapport fictif, ceux dont le défunt a disposé à titre gratuit. Les libéralités qui excèdent la quotité disponible sont réductibles. Les donations testamentaires souffrent les premières la réduction, quelle que soit la date du testament : car le testament, quant à ses effets, n'a qu'une seule date, la mort du testateur ; elles sont réduites proportionnellement à leur valeur, sans distinction entre les legs à titre universel et particulier ; le Code n'admet pas de falcidie.

### DE LA FORME DES DONATIONS.

« Tous actes portant donation entre-vifs seront passés devant notaires (931). » Le Code emploie une désignation générale : tous *actes* et non toute *donation;* car certaines donations sont parfaites sans aucun acte : la propriété des objets mobiliers est transférée par une simple tradition ou livraison. Ces sortes de donations se nomment manuelles. Elles sont réduites, si on prouve qu'elles excèdent la quotité disponible.

La donation doit être acceptée. De même que le contrat se forme par le concours des consentemens, la donation n'existe qu'autant qu'elle est suivie d'une acceptation. On peut accepter indifféremment par le même acte ou par un acte séparé, pourvu que, dans ce cas, l'acte d'acceptation soit notifié au donateur, et que ce dernier n'ait pas changé d'état, ni révoqué la disposition.

La donation est parfaite par l'acceptation ; la propriété des biens donnés passe au donataire sans tradition. Ce principe, qui doit s'entendre dans un sens absolu, est soumis à une condition réclamée par l'intérêt des créanciers hypothécaires et des tiers acquéreurs, la transcription (339).

La donation entre-vifs ne comprend que des biens présens. Le dépouillement actuel du donateur tient à l'essence de la donation : celui-ci ne peut transmettre instantanément au donataire une propriété dont il n'est pas saisi. Ricard fut le premier à établir cette doctrine contre le droit de Justinien. Son opinion avait réformé la jurisprudence des parlemens de pays coutumiers, lorsqu'elle fut érigée en loi par l'ordonnance de 1731.

Le célèbre auteur de l'ordonnance, d'Aguesseau, alla plus loin, en statuant que la donation qui comprendrait cumulativement des biens présens et à venir, serait nulle, même à l'égard des biens présens. Cette rigueur pouvait paraître excessive ; le Code ne frappe de nullité que la disposition de biens à venir.

### DES EXCEPTIONS A LA RÈGLE DE L'IRRÉVOCABILITÉ DES DONATIONS.

Lorsqu'une condition a été insérée dans un contrat, elle doit être exécutée. Ce principe trouve son application dans les art. 953 et 954. La donation entre-vifs est révocable pour cause d'inexécution des conditions.

La reconnaissance du bienfait est une condition qui n'a pas besoin d'être stipulée. Cicéron fait ainsi la part de la libéralité entre celui qui donne et celui qui reçoit : *Cùm duo genera liberalitatis sint, unum dandi beneficii, alterum reddendi, demus, necne, in nostrâ potestate est; non reddere, viro bono non licet. (De Off., lib.* 1.) C'est là une obligation naturelle que la loi civile ne pouvait laisser sans sanction ; et c'est encore en ce sens, comme un professeur l'a remarqué, que Cicéron donnait le mot *facere* pour étymologie au mot *fides*, obligation de faire. Si le donataire a attenté à la vie du donateur, s'il s'est rendu coupable envers lui de sévices, délits ou injures graves, s'il lui refuse des alimens, l'ingratitude est caractérisée, la donation devient révocable.

La donation est encore révoquée par la survenance d'enfans au donateur. C'est la disposition de la fameuse loi, *Si unquam (C. de rev. don.)*. Elle repose sur la présomption que le donateur ne se fût pas montré libéral au préjudice de ses enfans, s'il en avait eu, ou s'il eût prévu qu'il en aurait. Ce mode de révocation a donné lieu à une importante observation : il s'agissait de savoir si la survenance d'enfans opérait la révocation à l'égard de toute la donation, ou seulement jusqu'à la concurrence de la quotité disponible. C'est ainsi que s'exprime à ce sujet M. Favard de Langlade, dans son discours au Corps législatif, sur le projet de loi relatif aux donations et testamens : « La survenance d'enfans doit-elle annuler la donation en entier ?
» Ne serait-il pas plus convenable de laisser subsister la donation pour la
» portion dont le donateur peut disposer quand il a des enfans ? Pourquoi

» enlever au donataire ce que, dans ce cas, le donateur aurait pu lui donner?
» Cette idée paraît assez naturelle; mais il faut considérer que disposer
» d'une partie de ses biens quand on a des enfans, n'est pas nécessaire.
» Ce n'est pas un devoir imposé par la loi : c'est une pure faculté qu'elle
» donne, et on ne peut pas dire que le donateur en aurait usé, s'il avait
» eu des enfans. »

### DES TESTAMENS.

Dans le droit romain, qui régissait, sauf certaines modifications, les pays de droit écrit, on ne qualifiait du nom de testament que ceux de ces actes qui renfermaient une institution d'héritier. Dans la jurisprudence des coutumes, cette institution n'était pas regardée comme nécessaire; le Code civil conserve au testament la même acception que nos coutumes; il désigne, sous ce nom, une disposition quelconque de dernière volonté. Le testateur peut disposer indifféremment de la totalité ou d'une partie de ses biens, par un simple legs, dans la forme de l'institution, comme à un autre titre. Sa volonté sera suivie, pourvu qu'elle se trouve clairement manifestée, qu'il jouisse de la capacité requise, et que la portion disponible ne soit pas dépassée. Il n'existe plus de différence entre le codicille et le testament; assimilés l'un à l'autre, ils ont été réunis sous une commune dénomination. Le nom de testament a prévalu, bien qu'à considérer en lui-même le mode de disposer admis par le Code, il ne fût pas moins juste de dire que nous n'avons que des codicilles.

A Rome, on laissait au testateur le choix de disposer par écrit ou verbalement; parmi nous le testament est rédigé par écrit. Il peut se faire par acte privé et par acte public. Le testament olographe ou privé est, ainsi que son nom l'indique, écrit en entier de la main du testateur; il doit être daté et signé de lui. Nous n'examinerons pas les diverses questions que peuvent faire naître les erreurs de date dans le testament olographe. Leur solution dépend le plus souvent de la rédaction de l'acte, et des faits qui s'y trouvent exprimés : c'est aux tribunaux qu'appartient leur appréciation.
« Les juges, dit l'auteur du Répertoire de la nouvelle législation, peuvent
» et doivent rectifier l'erreur, toutes les fois que, par des erremens qui
» sortent du *testament même*, ils sont conduits à la véritable date, c'est-

» à-dire, qu'il est évident à leurs yeux qu'il a été rédigé tel jour, tel mois,
» telle année. »

Le testament par acte public est celui qui est dressé par l'officier public compétent, sous la dictée du testateur, en présence de témoins. L'acte terminé, il est lu au testateur et aux témoins. Une mention expresse doit, à peine de nullité, attester cette lecture ; mais les termes employés pour exprimer la mention ne sont pas sacramentels. Ainsi, comme l'observe le chancelier d'Aguesseau, dans sa Correspondance officielle, que le notaire dise qu'*il a fait lecture du testament, ou qu'il l'a lu, ou qu'il l'a récité, ou répété mot pour mot au testateur*, tout cela est indifférent, parce qu'il en résulte également que l'intention de la loi a été remplie.

Un troisième testament, qui, pour ainsi dire, tient le milieu entre les deux premiers, parce qu'il participe de l'un et de l'autre, est le testament mystique ou secret. Ecrit ou non par le disposant, qui doit savoir lire, signé de lui, s'il sait signer, clos et scellé par lui ou le notaire, il est remis par le testateur, en présence de témoins, à cet officier, qui dresse sur l'enveloppe un acte de suscription portant la déclaration du testateur, que l'acte qu'il présente est son testament. Ces formalités seront remplies *sans divertir à d'autres actes*, c'est-à-dire, *uno tractu temporis*, sans intervalle. L'unité de contexte est exigée pour prévenir la substitution du testament, qui pourrait avoir lieu dans l'intervalle de la présentation à la suscription. On voit que le testament mystique se compose de deux actes distincts : l'un, destiné à rester secret, qui renferme les dispositions testamentaires ; l'autre, reçu, comme un acte public, par le notaire assisté de témoins, qui plus tard seront appelés à reconnaître l'identité du titre remis au notaire en leur présence.

Certaines dispositions testamentaires, indiquées par le Code, font l'objet de règles spéciales, déterminées suivant les lieux et les circonstances où se trouve le disposant. Ces dispositions privilégiées sont le testament militaire, le testament fait sur mer, fait en temps de peste, fait en pays étranger. Le testament conjonctif est prohibé, soit qu'il ait pour objet des avantages réciproques, soit qu'il renferme des dispositions en faveur d'un tiers. L'incertitude qui environne toujours l'institution mutuelle ou faite conjointement, en cas de révocation de l'un des donateurs, a dû faire prononcer la nullité de ces sortes de testamens.

## DES LEGS.

On peut disposer par testament, à titre particulier, à titre universel et à titre d'institution d'héritier.

Le légataire acquiert, au décès du testateur, des droits de propriété sur ses biens, mais sans en obtenir indistinctement la saisine.

Les légataires à titre particulier, ou même universel, dont les droits portent sur une fraction de l'hérédité, sont tenus de demander la délivrance à l'héritier saisi de l'universalité des biens. Si le legs est universel, l'héritier institué n'est investi de la saisine qu'à défaut d'héritier à réserve. A l'égard des héritiers à réserve, on comprend que la loi leur attribue exclusivement la saisine; elle est indivisible, et c'est surtout des héritiers du sang, saisis par avance d'une quotité de la succession, qu'il faut dire qu'ils représentent et continuent la personne du défunt; c'est d'abord aux légitimaires que s'applique, dans toute sa force, le principe : *le mort saisit le vif*.

Il est juste que celui qui recueille les avantages, supporte les charges de la succession. Le légataire universel, ou à titre universel, doit acquitter les legs et les dettes du testateur, personnellement pour sa part, et hypothécairement pour la totalité. On a demandé si le légataire universel serait tenu des dettes *ultrà vires*. L'affirmative ne semble pas douteuse, à moins qu'il ne vienne en concours avec des légitimaires. Il en serait autrement du légataire à titre universel; il n'est jamais obligé indéfiniment aux dettes et legs, parce qu'il n'est pas successeur à la personne. Le légataire particulier a sur les deux autres une importante prérogative; il est dispensé de contribuer aux dettes; il n'est passible que de l'action hypothécaire, et, dans ce cas, il conserve un recours contre la succession, en vertu de la subrogation légale.

## DES EXÉCUTEURS TESTAMENTAIRES.

L'exécution testamentaire est un mandat laissé par le testateur, pour assurer l'accomplissement de ses dernières volontés. Une seule distinction le sépare du mandat ordinaire : c'est que ce dernier cesse à la mort du mandant, tandis que le mandat testamentaire commence au jour du décès. Le

Code détermine à l'art. 1031 les règles spéciales aux exécuteurs testamentaires.

### RÉVOCATION ET CADUCITÉ DES TESTAMENS.

Le testament est essentiellement révocable; il n'a de fixité qu'au décès; jusqu'à cette époque, il reste soumis à la volonté du testateur.

La révocation peut avoir lieu par un testament postérieur, ou par une déclaration devant notaires. Une première question s'élève à ce sujet : le testament serait-il révoqué par un acte olographe ne portant qu'une simple révocation, sans disposition de biens? Nous pensons que la révocation serait valable. Le Code, il est vrai, définit le testament un acte par lequel on dispose de ses biens. Mais on connaît tout le danger des définitions dans un corps de lois; les rédacteurs du Code usent du droit de définir avec réserve; aussi, lorsqu'ils définissent, n'est-ce jamais que d'une manière générale. Au surplus, on donne véritablement à l'héritier légitime, en privant le légataire de ce qu'il aurait eu sans une seconde disposition. S'il ne faut pas dire ici, avec l'axiome romain, *dat qui non adimit*, nous dirons en sens inverse, avec autant de raison, *dat qui adimit*. Nous pourrions invoquer, à l'appui de cette opinion, une autorité grave, en citant le *Traité des donations* : « Il serait étrange, dit M. Grenier, que celui qui pourrait être
» le ministre de son testament, ne pût être le ministre de la révocation de
» ce même testament; que celui qui pourrait faire plus, en révoquant un
» premier testament, et en faisant encore des dispositions nouvelles et dif-
» férentes, ne pût pas faire moins, en révoquant simplement un premier
» testament. »

C'est encore une question souvent agitée de savoir si la révocation doit rester sans effet, lorsqu'elle est exprimée dans un testament nul pour vice de forme, mais valable comme acte notarié.

La révocation peut résulter, non-seulement d'une déclaration expresse, mais même de faits et de dispositions qui supposent dans le testateur un changement de volonté. Ainsi l'aliénation entre-vifs des biens légués, un nouveau testament qui renferme des dispositions incompatibles avec le premier, sont des causes qui révoquent tacitement les dispositions antérieures.

Le testament non révoqué peut être annulé. L'incapacité du légataire, sa renonciation, son prédécès, la perte et la prescription du legs, le défaut d'accomplissement de la condition, frappent totalement ou en partie le testament de caducité.

Les causes de rescision des donations entre-vifs sont applicables aux testamens, excepté la révocation par survenance d'enfans. Le motif de l'exception se trouve dans la faculté interdite ou permise de révoquer, caractère distinctif de ces dispositions.

Il y a lieu au droit d'accroissement, lorsqu'un legs est fait à plusieurs conjointement, c'est-à-dire, par une seule disposition, sans que la part des légataires soit déterminée; et lorsque l'objet légué, même séparément, n'est pas susceptible de division.

### DES PARTAGES FAITS PAR LES ASCENDANS.

Nous avons observé, en parlant des substitutions, que le Code les avait rétablies, sous le nom de dispositions permises aux ascendans, pour protéger la famille contre les dissipations de l'un de ses membres. Un autre genre de dispositions pourrait également, s'il était plus en usage, exercer une utile influence sur le sort des familles; c'est le droit accordé aux ascendans de distribuer leurs biens entre leurs enfans. Le partage confié à la magistrature domestique, doit être un acte de justice, plutôt que de libéralité. Cependant une latitude suffisante est laissée à la répartition. La rescision du partage ne sera prononcée que pour une lésion de plus du quart. Le père qui n'excède pas la quotité disponible, ne fait qu'user de son droit; mais si déjà cette quotité était épuisée, toute inégalité dans le partage, même au-dessous du quart, donnerait lieu à la rescision.

### DES DONATIONS FAITES PAR CONTRAT DE MARIAGE AUX ÉPOUX ET AUX ENFANS A NAÎTRE DU MARIAGE.

La faveur du mariage et l'intérêt des enfans à naître ont autorisé des règles spéciales, à l'égard des dispositions comprises aux deux chapitres qui terminent ce titre. L'art. 947 nous avait averti que l'irrévocabilité, ce principe essentiel de la donation entre-vifs, n'était pas applicable aux donations par contrat de mariage; le Code, pour déterminer les règles qui leur sont propres, distingue les donations faites par les étrangers, des dispositions entre époux.

Les donations faites par contrat de mariage en faveur des époux, peuvent comprendre, non-seulement des biens présens, mais des biens à venir, ensemble ou séparément.

La donation de biens présens est expressément assujettie aux principes généraux de la donation entre-vifs; l'art 947 ne lui est point applicable; car il a pour but de séparer les donations de biens à venir, des dispositions de biens présens.

La donation de biens à venir attribue au donataire le droit de recueillir les biens laissés par le donateur à son décès. Comme l'héritier à réserve, l'époux donataire a la saisine légale; il a, de plus que l'héritier, le droit de faire annuler toutes les dispositions gratuites, sans limitation de la quotité disponible. Pour recueillir, il doit survivre au donateur; son droit ne s'ouvre qu'à l'époque de la mort; c'est en quelque sorte un legs par contrat de mariage, qu'on nommait pour cette raison, dans l'ancien droit, *institution contractuelle*. Toutefois l'intérêt des époux n'étant pas l'objet unique de la donation, les enfans issus du mariage sont appelés à la recueillir à défaut des époux prédécédés. La disposition, sous ce rapport, renferme à leur égard une véritable substitution vulgaire.

L'institution contractuelle participe tout à la fois du testament et de la donation entre-vifs. Soumise à la condition de survie du donataire et de sa postérité, elle est irrévocable, en ce sens que le donateur ne peut disposer à titre gratuit des objets compris dans la donation. Comme il reste propriétaire, il peut vendre, contracter, se réserver, par une convention expresse, la faculté de disposer même gratuitement de certains objets, pacte prohibé dans l'acte entre-vifs, qui exige un dessaisissement actuel; il peut encore charger le donataire de payer ses dettes, soit en totalité, soit dans une proportion convenue. Le donataire conserve le choix de renoncer à la disposition ou de l'accepter.

Dans la donation faite cumulativement de biens présens et à venir, un état est dressé des dettes et charges existantes au jour du contrat. Il a pour effet d'attribuer au donataire la faculté de s'en tenir aux biens présens, en payant les dettes présentes, et de répudier les biens à venir, pour écarter les dettes futures. L'option ne peut avoir lieu qu'au décès. Si l'état des dettes n'a pas été dressé, il n'existe plus, comme précédemment, deux dispositions indépendantes l'une de l'autre, mais une seule donation, régie par les règles particulières aux biens à venir. Le donataire doit l'accepter ou la répudier pour le tout.

### DES DONATIONS ENTRE ÉPOUX.

Les époux peuvent faire l'un à l'autre, par contrat de mariage, réciproquement, ou l'un d'eux seulement, les mêmes donations que pourrait leur faire un étranger. Ces donations suivent les règles établies à l'égard des précédentes, sauf qu'elles cessent d'être transmissibles aux enfans, dans le cas où la caducité de la disposition serait encourue par le prédécès du donataire. Il est indifférent que les enfans viennent recueillir les biens donnés dans la succession de l'un ou de l'autre de leurs ascendans.

Faites pendant le mariage, les donations entre époux sont toujours révocables. Cette dérogation au principe de l'irrévocabilité s'explique par le double motif de prévenir la séduction, et de remédier à la surprise. L'intention contraire, manifestée par les époux, serait inefficace pour attribuer à la donation le caractère qui lui est refusé par la loi.

L'époux, s'il ne laisse pas d'enfans, peut donner à l'autre époux, soit avant, soit pendant le mariage, tout ce dont il lui serait permis de disposer en faveur d'un étranger; s'il laisse des ascendans, la quotité disponible s'augmente de l'usufruit de leur réserve. S'il existe des enfans nés du mariage, la quotité disponible est du quart en pleine propriété et en usufruit, ou de moitié seulement en usufruit. Enfin, l'époux qui a des enfans d'un premier lit, ne peut disposer, en faveur de son nouvel époux, que d'une part d'enfant le moins prenant, sans que la donation excède jamais le quart des biens.

## THÈSES.

La capacité du donataire, requise pour l'acceptation de la donation entre-vifs, ne l'est point au moment de la disposition, dans le testament, la capacité de recevoir n'est exigée qu'à l'époque du décès.

Le donataire ne peut renoncer à la donation, qu'elle soit pure et simple, ou qu'elle lui impose des engagemens à remplir envers le donateur.

L'art. 790 C. c. est applicable au légataire universel.

Substitution; vente par le grevé des biens substitués : la rescision peut être demandée par l'appelé devenu héritier du vendeur.

L'époux ou les époux donataires, prédécédés sans enfans issus du mariage, les enfans d'un autre lit ne sont pas appelés à la donation de biens à venir.

Donation de biens présens entre époux, par contrat de mariage; prédécès du donataire sans enfans; second mariage du donateur; il a des enfans : la donation est irrévocable.

Ces nouveaux exercices, que j'ai regardés comme un complément de mes premières études du droit, m'ont rappelé aux leçons de nos savans professeurs. Qu'il me soit permis de saisir cette occasion de leur exprimer ma reconnaissance. Plus heureux que la plupart de mes jeunes collègues, je suis venu, une autre année, fréquenter leurs écoles, et recueillir le fruit de leurs enseignemens. Si je n'ai pas encore obtenu cette vaste érudition, qui ne s'acquiert que par de longs travaux, et si je ne puis me livrer, sous leurs yeux, qu'à de simples essais, mon âge me tiendra lieu d'excuse auprès de l'expérience du savoir. Leurs leçons m'ont frayé la route; leurs ouvrages continueront d'être mon guide dans la science qu'ils m'ont enseignée.

www.ingramcontent.com/pod-product-compliance
Lightning Source LLC
Chambersburg PA
CBHW070456080426

42451CB00025B/2755